BEI GRIN MACHT SICH IHR
WISSEN BEZAHLT

- Wir veröffentlichen Ihre Hausarbeit,
  Bachelor- und Masterarbeit

- Ihr eigenes eBook und Buch -
  weltweit in allen wichtigen Shops

- Verdienen Sie an jedem Verkauf

Jetzt bei www.GRIN.com hochladen
und kostenlos publizieren

Christel Rittmeyer

Das Inklusionsparadigma und seine Implikationen für Art und Struktur des Hilfeangebotes

GRIN Verlag

Bibliografische Information der Deutschen Nationalbibliothek:

Die Deutsche Bibliothek verzeichnet diese Publikation in der Deutschen National-
bibliografie; detaillierte bibliografische Daten sind im Internet über http://dnb.d-
nb.de/ abrufbar.

Impressum:

Copyright © 2009 GRIN Verlag GmbH
Druck und Bindung: Books on Demand GmbH, Norderstedt Germany
ISBN: 978-3-640-38898-1

Dieses Buch bei GRIN:

http://www.grin.com/de/e-book/133776/das-inklusionsparadigma-und-seine-impli-
kationen-fuer-art-und-struktur-des

GRIN - Your knowledge has value

Der GRIN Verlag publiziert seit 1998 wissenschaftliche Arbeiten von Studenten, Hochschullehrern und anderen Akademikern als eBook und gedrucktes Buch. Die Verlagswebsite www.grin.com ist die ideale Plattform zur Veröffentlichung von Hausarbeiten, Abschlussarbeiten, wissenschaftlichen Aufsätzen, Dissertationen und Fachbüchern.

Besuchen Sie uns im Internet:

http://www.grin.com/

http://www.facebook.com/grincom

http://www.twitter.com/grin_com

Das Inklusionsparadigma und seine Implikationen für Art und Struktur des Hilfeangebotes

Zusammenfassung 2

Summary 2

Fallbeispiel (Einstieg) 3

Einleitung 3

Vorschau 4

Was bedeutet Inklusion? 4

Das Inklusionsparadigma 7

Wie sollten inklusionsfördernde Hilfeangebote für Menschen mit Behinderung
beschaffen sein? 7

Wie sollte eine Beratungsstelle aussehen, die Inklusion praktisch unterstützen
kann 9

Die Beratungsstelle „WIHI" der Universität Oldenburg 9

Ausblick 11

Literatur 12

Zusammenfassung

Ausgehend von einem Fallbeispiel wird aufgezeigt, dass in der Theorie eine Entwicklung in Richtung Inklusion festzustellen ist.

In der Praxis sind offene Hilfen in besonderer Weise dazu geeignet, Inklusion zu fördern.

Das gegenwärtige Unterstützungsangebot ist jedoch sehr komplex und kompliziert und dadurch für die Nutzerzielgruppe schwer oder gar nicht zugänglich.

Deshalb bedarf es einer übergreifenden Informationsstelle, die niedrigschwellig ist und potentiellen Nutzer den Zugang zum Hilfsangebot ermöglicht und erleichtert.

Ein solches Angebot wird gegenwärtig an der Universität Oldenburg im Institut für Sonderpädagogik aufgebaut.

Summary

Starting with a case study it is shown, that in theory there is a development towards inclusion.

In practice open forms of help are in special manner fit to enhance inclusion.

The present forms of support are but very complex and differentiated and only very difficultly or not accessible for potential users.

For that reason a comprehensive information unit ist necessary that is low-threshold and therefore easily accessible for users.

Such a service is being developed at the university of Oldenburg, department of special education.

Fallbeispiel (Einstieg)

In einer Behörde einer rheinischen Großstadt ist ein Mann mittleren Alters beschäftigt, der regelmäßig von einem Fahrdienst und persönlichen Betreuer zu seinem Arbeitsplatz gebracht wird. Der Mann hat eine Spastik. Sie hindert ihn offenbar daran, seinen Weg zur Arbeitsstelle ohne Hilfe zu bewältigen. Aber sie hat ihn nicht daran gehindert, einen sehr qualifizierten Beruf zu erlernen: der Mann ist Jurist. Er grüßt immer sehr freundlich und ich habe den Eindruck, er genießt den Kontakt mit den Menschen, denen er begegnet.

Ein Beispiel für Inklusion? Ein Zufall, dass es sich um einen Juristen handelt? Oder ist es als Jurist vielleicht einfacher, Möglichkeiten der Inklusion wahrzunehmen, weil die entsprechenden Vorschriften Experten-Knowhow erfordern, sehr kompliziert und nicht unmittelbar für jeden zugänglich sind?

Um diese und damit zusammenhängende Fragen soll es im Folgenden gehen.

Einleitung

Im Rahmen meiner Diplomarbeit an der Universität Köln habe ich mich 1978 mit „Neuen Formen der Arbeit mit psychisch kranken Menschen" befasst. 2003 fragte ich dann als Dozentin in einem Seminar an der Universität Wien erstmals danach, was aktuelle Entwicklungstendenzen der Heilpädagogik sind.

Die bedeutsamste Entwicklungslinie scheint mir seither die Weiterentwicklung der Zielsetzungen von der Integration hin zur Inklusion zu sein. Sie findet gegenwärtig erst auf der theoretischen Ebene statt. Ihre Entwicklung kann durch ein geeignetes Angebot an Dienstleistungen aber auch praktisch angestoßen werden.

Vorschau

In meinem Beitrag werde ich aufzeigen,

- was man unter Inklusion versteht und dass es sich dabei um ein Paradigma handelt,
- wie inklusionsfördernde Hilfenangebote für Menschen mit Behinderung beschaffen sein sollten und
- wie eine Beratungsstelle die Realisierung von Inklusion praktisch unterstützen kann.

Was bedeutet Inklusion?

Ein Erziehungs-, Bildungs- und Leistungsangebot für Menschen mit Behinderung ist keine Selbstverständlichkeit, wie die historische Betrachtung zeigt.

Mit SANDER (2003) können historisch die folgenden Phasen unterschieden werden:

Umgang mit Menschen mit Behinderung (nach SANDER 2003)

1. **Exklusion**: Behinderte Kinder sind von jeglichem Schulbesuch ausgeschlossen
2. **Separation oder Segregation**: Behinderte Kinder besuchen eigene abgetrennte Bildungseinrichtungen (Sonderschulen)
3. **Integration**: Behinderte Kinder können mit sonderpädagogischer Unterstützung Regelschulen besuchen
4. **Inklusion**: Alle behinderten Kinder besuchen wie alle anderen Kinder Regelschulen, die die Heterogenität ihrer Schüler und Schülerinnen schätzen und im Unterricht fruchtbar machen
5. **„Vielfalt als ‚Normalfall'"** (Wilhelm/Bintinger): Inklusion ist überall
6. Selbstverständlichkeit geworden, der Begriff kann daher in einer ferneren Zukunft vergessen werden (vgl. SANDER 2003, 317)

Wo befindet sich nun Deutschland auf diesem Entwicklungskontinuum? Angesichts des Umstandes, dass nur 14 % der Schüler eine integrative Regelklasse besuchen, ist *in der*

Praxis sicherlich von einem Schwerpunkt der Separation mit gleichzeitig geringanteiliger Integration zu sprechen.

Auf der Ebene der Theorie hingegen ist eine Weiterentwicklung hin zur Inklusion festzustellen (vgl. Themenheft 4/2003 der Zeitschrift Sonderpädagogische Förderung).

Was genau ist nun unter „Inklusion" zu verstehen und worin liegt der Unterschied zur Integration?

„Inklusion" überwindet die Problematik, für die im Fachjargon die folgenden Bezeichnungen benutzt werden: „Zwei-Gruppen-Theorie" und „paradoxe Grundbedingung der Integrationspädagogik". Anja Tervooren beschreibt das damit Gemeinte wie folgt:

„*Die sich seit den 80er-Jahren des 20. Jahrhunderts etablierende* **Integrations-pädagogik** *sah sich von Anfang an der* **Schwierigkeit** *ausgesetzt,* **dass sie,** *wollte sie einen vorhandenen* **Ausschluss** *rückgängig machen, diesen zuallererst* **anerkennen** *und mit seinen Kategorien und Bedingungen arbeiten* **musste.** *Bereits der Begriff* ›Integration‹ *impliziert* **ein spezifisches Spannungsverhältnis** *zwischen einer Gruppe, die integriert werden auf der einen und einer, die integrieren soll, auf der anderen Seite. Die Verwendung des Begriffs gibt demnach nicht nur eine Bewegungsrichtung, sondern darüber hinaus ein* **Verhältnis von Passivität und Aktivität** *der jeweiligen Gruppen vor. Durch diese Behauptung wird* **auf der Seite derjenigen, die integriert werden sollen, ein** **Defizit platziert,** *während die Notwendigkeit zur Integration der anderen Gruppe angetragen und diese damit zur* **dominanten** *gemacht wird.*" (LINDMEIER 2003, 303)

Hilfreich für das Verständnis von Inklusion ist auch die von Christian LINDMEIER vorgenommene Gegenüberstellung unterscheidender Merkmale:

Unterscheidung von Integration und Inklusion in Anlehnung an Lindmeier:

Integration	Inklusion
Im Wort „Integration" steckt: „Die Mehrheit integriert unter bestimmten Umständen eine besondere Minderheit."	Inklusion lässt die Verschiedenheit im Gemeinsamen bestehen.
Integration kennzeichnet eher den an ein Defizit einer Person geknüpften Bedarf (I-Kind).	Der Begriff Inklusion betont die Notwendigkeit institutioneller und struktureller Veränderungen und sieht die Verschiedenheit der einzelnen Menschen als einen positiven bereichernden Wert an.
Der Begriff Integration **impliziert einen vorausgehenden Ausschluss** aus den Leistungszusammenhängen der modernen Gesellschaft.	Beim Begriff Inklusion geht es um die Mitbestimmung an der komplexen und differenzierten Gesellschaft.

(LINDMEIER 2003, 303 f.)

Andreas HINZ beschreibt 2003 **den spezifisch inklusiven Fokus** wie folgt:

- Menschen mit Behinderung werden als **eine von vielen Minderheiten** betrachten.
- Sie werden **nicht mehr** als **eindeutig abgrenzbare Gruppe** angesehen.
- Sie werden **nicht mehr** als „**funktionsgemindert**" eingestuft.
- Es **werden alle Dimensionen von Heterogenität betrachtet**, nicht mehr nur die mehr oder weniger behinderten Entwicklungsmöglichkeiten.
- Inklusion kämpft gegen jede Form der gesellschaftlichen Marginalisierung, geht also über den Bereich der Pädagogik hinaus (HINZ 2003, 332).

Das Inklusionsparadigma

Inklusion ist eines der neuen Paradigmata in der Heilpädagogik. Der Begriff „Paradigma" kommt aus dem Griechischen und bedeutet wörtlich „Beispiel" oder „Muster". Im Bereich der Wissenschaft versteht man unter Paradigma einen Komplex zusammenhängender Annahmen und Regeln, mit denen es möglich ist, ein anstehendes Problem wissenschaftlich besser als bisher zu lösen. Ein Wechsel des Paradigmas bedeutet demnach einen Wechsel in Bezug auf bisher geltende Modelle (vgl. SPECK 2003. 32).

Wie sollten inklusionsfördernde Hilfeangebote für Menschen mit Behinderung beschaffen sein?

Die Ergebnisse einer Befragung europäischer Behindertenorganisationen zeigen, dass u. a. die *Struktur des Wohlfahrtssystems* und *Begrenzungen in den Zugängen zu Dienstleistungen* schwerwiegende Hindernisse bei der Umsetzung von Inklusion sind (vgl. WANSING 2005, 99).

WANSING ist darin zuzustimmen, dass sich Dienstleistungen für Menschen mit Behinderung einer grundlegenden Neuorganisation stellen müssen: Der Vielfalt an Lebensstilen und Unterstützungsbedarf muss eine ebenso vielfältige Angebotsstruktur an Hilfsangeboten für Menschen mit Behinderung gegenübergestellt werden. Die auch derzeit noch dominierende Organisationsform der (teil-)stationären Hilfen ist dabei durch flexible differenzierte Angebote in der Lebenswelt der Personen abzulösen. Praktisch bedeutet dies, dass so genannte „Offene Hilfen" ausgebaut werden müssen.

Offene Hilfen für Menschen mit Behinderung nach WANSING:

- Ambulante Pflegedienste, Sozialstationen
- Frühförderung
- Unterstützung von Selbsthilfegruppen
- Assistenz- und Integrationshilfen (im Schul-, Arbeits- und Wohnbereich usw.)
- Beratungs- und Vermittelungsangebote
- Hilfen zur Mobilität und Kommunikation

- Kriseninterventionsdienste
- Bildungsangebote
- Familienunterstützende Dienste
- Angebote zur Kurzzeitbetreuung

Bei dem Eingangsbeispiel begegneten wir einer solchen Form der offenen Hilfe, nämlich dem *persönlichen Assistenten*. Eine weitere Form der offenen Hilfe, die mit dem zukünftigen Arbeitsfeld der hier anwesenden Studierenden zu tun hat, ist der Integrationshelfer. Einige von Ihnen werden die Bezeichnung vielleicht schon einmal gehört haben. Aber was genau darunter zu verstehen ist, wer Integrationshelfer werden kann und vor allem wer ihn bezahlt? Das wissen Sie vielleicht noch nicht und ich habe Ihnen deshalb ein Info-Paper dazu erstellt. Diejenigen von Ihnen, die sich für weitere Informationen zu diesem Thema interessieren, können eine 10seitige Ausarbeitung zum Thema per e-mail bei mir anfordern.

Know-how über offene Hilfen kann, so meine Meinung, in Zukunft nicht mehr nur in der Ausbildung von Sozialarbeitern vermittelt werden. Auch Heilpädagogen und angehende Sonderschullehrer müssen diesbezüglich ein Grundlagenwissen erwerben. Geschieht dies nicht, so geraten sie in der Praxis m. E. zu schnell an Grenzen. Insbesondere auch wird ihnen in Beratungsgesprächen Wesentliches fehlen.

Eine besondere Bedeutung unter den offenen Hilfen haben auch Beratungs- und Vermittlungsangebote, weil Informationssuche bereits eine Form des Coping darstellt (vgl. Fries 2005, 78).
Ich werde deshalb im Folgenden auf den Beratungsbedarf von Eltern und die sich daraus abzuleitende Struktur einer Beratungsstelle eingehen.

Wie sollte eine Beratungsstelle aussehen, die Inklusion praktisch unterstützen kann

ENGELBERT ist in ihrer 1999 veröffentlichten Studie „Familien im Hilfenetz" den Bedingungen und Folgen der Nutzung von Hilfen für behinderte Kinder nachgegangen. Sie stellte u. a. fest, dass Probleme der Inanspruchnahme zunächst aus den von Eltern wahrgenommenen **Zugangsproblemen** resultieren.

Ausschlaggebende Zugangsschwelle ist die **mangelnde Information** über verfügbare Hilfen (ENGELBERT 1999, 174).

Viele dieser Probleme lassen sich schon kurz- und mittelfristig durch Veränderungen der kommunalen Sozialpolitik angehen, die über das Dienstleistungsangebot für Menschen mit Behinderungen entscheidet. Einige dieser Veränderungen sind dabei aufgrund der Studienergebnisse von Engelbert mit besonderem Nachdruck geboten, so vor allem:

„**Die Zugangswege zu den verfügbaren Hilfen müssen bekannt und offen sein.** Dies gelingt nur dann, wenn allseits bekannte und zentral angesiedelte Stellen eine Übersicht über das Hilfeangebot ermöglichen, weiterführende Auskünfte geben können und Wege zu weiteren Hilfen nicht nur aufzeigen, sondern gegebenenfalls auch ebnen. Voraussetzung hierfür sind eindeutige und einheitliche Strukturen zumindest im informativen Bereich der Hilfen für behinderte Kinder." (ENGELBERT 1999, 277 f.)

Mit der **Frage, welche Bedürfnisse** Eltern von Kindern mit Behinderung haben, haben sich insbesondere ECKERT (2002) und WAGNER-LENZIN (2007) auseinandergesetzt. ECKERT und WAGNER-LENZIN kommen im Kern in der Frage der Bedürfnisse zu gleichen Ergebnissen. Beiden Autoren zufolge rangiert an erster Stelle das Bedürfnis nach Informationen und an zweiter Stelle das Bedürfnis nach sozialer Unterstützung (vgl. Eckert 2002, 71 und WAGNER-LENZIN 2007, 177 f.).

Die Beratungsstelle „WIHI" der Universität Oldenburg

Ein problematischer Bereich im gegenwärtigen Hilfesystem ist das unzureichende Beratungsangebot. Engelbert zufolge fehlt Beratung vor allem in Form von institutionenunabhängigen Einrichtungen, die beim Überblick über Vorhandenes und bei der Orientierung im Hilfesystem helfen können.

Die Beratungsstelle „WIHI" der Universität Oldenburg ist eine Einrichtung, die genau diese von Engelbert in ihrer Studie festgestellte Lücke schließen will. Denn „WIHI" steht für „Wegweiser im Hilfenetz".

Die Beratungsstelle richtet sich an Menschen aller Altersgruppen aus der Region Oldenburg, die **Informationsbedarf** in den Bereichen der sozialen, beruflichen und medizinischen Rehabilitation haben und Multiplikatoren aus pädagogischen Einrichtungen.

Die Nutzerinnen und Nutzer können sich in persönlichen Gesprächen in der offenen Sprechstunde informieren, Einzeltermine vereinbaren oder die telefonische Auskunft in Anspruch nehmen.

Um diese Angebote vorhalten zu können, baut die Clearingstelle Kontakte zu einschlägigen Einrichtungen auf, sammelt Informationen über das regionale Hilfeangebot und sorgt für deren Aktualität.

Um die Beratungsstelle bei den Nutzerinnen und Nutzern bekannt zu machen, findet intensive Öffentlichkeitsarbeit statt, z. B. durch Präsenz der Fachkräfte bei einschlägigen Veranstaltungen, in Gremien und durch Einrichtungsbesuche; ferner durch Veröffentlichung von Informationsmaterialien.

Träger der Beratungsstelle ist der „gemeinnützige Verein zur Förderung der pädagogischen Re-Habilitation und sozialen Integration von Menschen in Risikolagen" in Kooperation mit der Arbeitsstelle „Pädagogische Rehabilitation und soziale Inklusion" des Institutes für Sonderpädagogik der Universität Oldenburg.

Eine wesentliche Intention der Beratungsstelle WIHI ist die Verbindung ihrer Arbeit mit Forschung und Lehre am Institut für Sonder- und Rehabilitationspädagogik der Universität Oldenburg.

Eine wichtige Grundlage der Arbeit sind deshalb neben dem Verwaltungspersonal spezifische Veranstaltungen von Frau Professor Schulze, Frau Professor Erdelyi, Herrn Professor Linderkamp und mir selbst.

Insgesamt sind diese Angebote der Clearingstelle gekennzeichnet durch

- Aktualität
- Niedrigschwelligkeit
- Kostenfreiheit und
- Unparteiischkeit

Durch diese Konzeption entspricht die Beratungsstelle „WIHI" somit insgesamt passgenau den von Engelbert aufgezeigten Bedarf an eine Beratungsstelle, die Inklusion unterstützt.

Durch ihre Verbindung mit Lehre und Forschung trägt sie darüber hinaus einerseits zu einer weitergehenden wissenschaftlichen Fundierung der Beratungsarbeit, andererseits einer Multiplikation des Beratungs-Knowhows bei.

Ausblick

Das vorhandene Hilfenangebot ist sehr komplex und kompliziert und zu wenig vernetzt. Aus diesem Grund ist eine Beratungsstelle notwendig, die einen Überblick über das aktuelle Hilfeangebot hat, darüber kostenlos informiert und die praktische Arbeit mit Forschung begleitet.

An der Universität Oldenburg wird derzeit eine solche Forschungsstelle weiter ausgebaut. Sie kann bei der Umsetzung von Inklusion helfen und sollte deshalb auch von anderen Universitäten, die noch nicht über eine ähnliche Einrichtung verfügen, in Erwägung gezogen werden.

Literatur

Bockwinkel, Rabea (2008): *Ausarbeitung zum Referat Integration behinderter Kinder in niedersächsischen Regelschulen.* Seminararbeit im Seminar „Elternarbeit und Beratung im Förderschwerpunkt geistige Entwicklung an der Universität Oldenburg. WS 2007/2008. Erhältlich über: christel.rittmeyer@t-online.de

Eckert, Andreas (2002): *Eltern behinderter Kinder und Fachleute. Erfahrungen, Bedürfnisse und Chancen.* Bad Heilbrunn: Klinkhardt Forschung

Engelbert, Angelika (1999): *Familien im Hilfenetz. Bedingungen und Folgen der Nutzung von Hilfen für behinderte Kinder.* München: Juventa Verlag

Fries, Alfred (2005): *Einstellungen und Verhalten gegenüber körperbehinderten Menschen – aus der Sicht und im Erleben der Betroffenen.* Oberhausen: Athena-Verlag

Hajkova, Vanda & Störmer; Norbert (2006): *Lebensbegleitung und Förderung Life Accompainment and Support.* Berlin: Frank & Timme Verlag für wissenschaftliche Literatur. Band 9 der European Inclusion Studies /Studium europäischer Inklusion

Heckmann, Christoph (2004): *Die Belastungssituation von Familien mit behinderten Kindern.* «Edition S» (Schindele). Heidelberg: Universitätsverlag Winter

HINZ, Andreas (2003): *Die Debatte um Integration und Inklusion – Grundlage für aktuelle Kontroversen in Behindertenpolitik und Sonderpädagogik?* Sonderpädagogische Förderung, 48. Jahrgang, 330-347

Lindmeier, Christian (2003*): Editorial. In:* Sonderpädagogische Förderung. Integration und pädagogische Rehabilitation. 48. Jahrgang, Heft 4, 303 f.

Sander; Alfred (2003): *Von Integrationspädagogik zu Inklusionspädagogik.* In: *Sonderpädagogische Förderung. Integration und pädagogische Rehabilitation.* 48. Jahrgang, Heft 4, 313-329

Schulze, Gisela (2008): *Konzeptbeschreibung des Ambulatoriums für Rehabilitation. Betriebsinternes Papier.* Oldenburg, 27.07.2008

Schulze, Gisela (2008): Konzeptbeschreibung für den Bereich Rehabilitationtspädagogik am Ambulatorium für Rehabilitation der Universität Oldenburg. Betriebsinternes Papier. Oldenburg, 27.07.2008

Speck, Otto (2003). *System Heilpädagogik. Eine ökologisch reflexive Grundlegung.* Ernst Reinhardt Verlag München, 5. Auflage

Wagner, Michael (2000): *Menschen mit geistiger Behinderung und ihre Lebenswelten.* Beiträge zur Heilpädagogik. Bad Heilbrunn: Verlag Julius Klinkhradt

Wagner-Lenzin, Marianne (2007): *Elternberatung. Die Bedeutung von Beratung in Bewältigungsprozessen* bei Eltern mit ihren Kindern mit Behinderung. Bern: Haupt Verlag

Wansing, Gudrun (2005): *Teilhabe an der Gesellschaft. Menschen mit Behinderung zwischen* Inklusion und Exklusion. VS Verlag für Sozialwissenschaften Wiesbaden

Wilken, Udo/Jeltsch-Schudel, Barbara (Hrsg.) (2003): *Eltern behinderter Kinder. Empowerment – Kooperation – Beratung.* Stuttgart: Kohlhammer